Marchés de Paris

depuis ...

D'après les ...

De la

BIBLIOTHÈQUE NATIONALE

pour la période de

... à ...

D'après les ...

Du

BON MARCHÉ

...

...

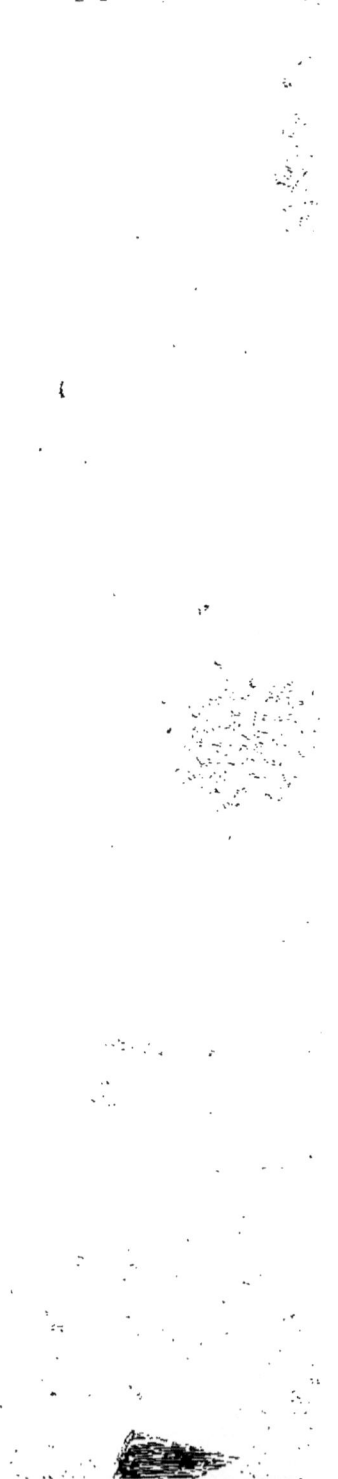

Les

Modes de Paris

Les Modes de Paris

depuis LOUIS XVI

d'après les documents

de la

BIBLIOTHÈQUE NATIONALE

pour la période de

1775 à 1860

et

d'après les Modèles & Créations

du

BON MARCHÉ

pour la période de

1860 à 1910

AH ! QUELLE ANTIQUITÉ !!   OH ! QUELLE FOLIE QUE LA NOUVEAUTÉ...

LES MODES DE PARIS

DEPUIS LOUIS XVI

Les classiques avaient imaginé de scinder l'histoire en
un certain nombre de périodes qui, désignées par le nom
éclatant de l'homme en qui semblait s'être synthétisée toute
une époque, marquaient les plus brillantes étapes de
l'humanité vers le progrès, la civilisation et le beau, et, du
siècle de Périclès au siècle de Louis XIV, rattachaient
l'antiquité au monde moderne. Si les différentes évolutions
de l'art de la parure — art exquis, inspirateur de tant
d'autres arts, art créé par la femme et pour la femme en
son désir de plaire — leur avaient inspiré le souci d'une
même recherche, ils eussent sans doute établi comme grands
siècles de la mode, la divine époque de la Grèce antique
aux draperies harmonieuses, l'austère moyen âge du
XIIᵉ siècle aux formes hiératiques et nobles, la Renaissance
avec les plis somptueux des simarres des dogaresses et les
chaînes de perles de Diane de Poitiers et de ses rivales,
et le « XVIIIᵉ » enfin, siècle des modes par excellence, des
paniers et de la poudre, des brocarts et des mouches, des
falbalas et des fleurs « rococo », de la guerre en dentelles
— et de la Terreur, de la Terreur pendant laquelle on in-
ventait des Modes...

Ce lendemain tragique aux insouciantes folies de la

Régence sépare par un abîme la première et la seconde partie du siècle : le règne de Madame de Pompadour est le passé ; celui de la reine Marie-Antoinette nous touche encore, et, dans cette période de près d'un siècle et demi, à travers les révolutions, les heures de gloire et de détresse, l'Empire, la Monarchie, la République, jamais plus étonnante variété créatrice ne se montra dans l'art de se parer : inventions sans nombre ou évocations de tous les âges, trouvailles exquises ou aberrations inexplicables, impudiques audaces des Merveilleuses et austères bonnets en dentelle de la reine Marie-Amélie, crinolines et robes Tanagra, chapeaux Bibi et Gainsborough empanachés, robes cloche à onze godets et fourreaux d'un mètre dix de tour, cachemires de l'Inde et manteaux de mousseline de soie, du XVIIIᵉ siècle finissant au XXᵉ à son aurore, nous aurons tout vu : reste-t-il encore du nouveau à inventer pour ceux, ou plutôt celles qui viendront après nous, ou leur faudra-t-il reprendre tour à tour chacun de nos caprices d'un jour — et d'une mode ?

Les plus magnifiques urent sans doute au point de vue modes les merveilleux ajustements qui évoquent à nos yeux Marie-Antoinette dans tout l'éclat de sa beauté, telle que nous l'a tant de fois représentée Madame Vigée-Le Brun.

Décrire tel de ses grands habits de cour c'est dire toute la mode d'alors : paniers immenses soutenant la robe de satin de Lyon relevée en baldaquin par des passementeries d'or et d'argent. Dauphine, Marie-Antoinette se faisait remarquer par sa simplicité dans une cour habituée aux prodigalités de Madame Du Barry ; reine, elle cédait aux doléances des fabricants et rendait la vogue aux étoffes somptueuses et aux passements ouvragés. Sur le développement des paniers se drapent des falbalas de gaze. Un peu courte devant, la jupe laisse voir les souliers de drap d'or perchés sur leurs talons démesurés, étincelant sur le cou-de-pied de la boucle en brillants et laissant deviner sur la couture du quartier la ligne d'émeraudes du *venez-y-voir*. Le corsage gaine a sa pointe ornée d'une chute de nœuds où se jouent des girandoles de diamants : cela aussi la Reine l'avait d'abord écarté : les bijoutiers ont eu des lamentations, les dames de la cour ont supplié, la reine a cédé ; résiste-t-on à la parure à son âge ? et voici la folie des bijoux ; le trop fameux collier, entre autres, coûtera à la Reine, victime d'une odieuse machination, plus que des millions : l'affection et le respect de son peuple ! Sa coiffure à elle seule est un miracle éclos sous les doigts de Léonard qui partage avec Mademoiselle Bertin le privilège de créer les modes : poudrés à blanc les cheveux frisés sont relevés sur un coussin de crin et forment un toupet *en hérisson* sur lequel s'é-

Édition du Bon Marché

ÉPOQUE LOUIS XVI

tagent plusieurs rangs de boucles ; au sommet de l'édifice un pouf de plumes magnifiques, ces plumes qui valaient jusqu'à 50 louis ; quand le cortège royal passait dans la galerie de Versailles on voyait « une forêt de plumes s'agiter librement à un pied au-dessus des têtes ». Mais les plumes ne suffisaient pas au pouf, on y joignait fleurs et fruits ; le « pouf au sentiment » devait marquer le cœur « sensible » de celle qui le portait ; la duchesse de Chartres se montra à l'Opéra avec un pouf orné « d'une petite poupée habillée en nourrice tenant son nourrisson (Louis-Philippe), un perroquet (oiseau préféré de la princesse) becquetant une cerise, un petit nègre, image de celui qu'elle aimait beaucoup, et un turban de gaze entouré de mèches de cheveux du duc de Chartres, son mari, du duc de Penthièvre, son père, du duc d'Orléans, son beau-père ». L'actualité fournissait des sujets à ces coiffures étonnantes : « la Belle-Poule », une frégate entière avec sa mâture paraissant voguer sur des vagues de cheveux poudrés, fut le chef-d'œuvre du genre.

Les femmes de la bourgeoisie ne pouvaient se permettre ces coûteuses folies : leur robe courte se recouvrait de la polonaise relevée sur la hanche, et leurs cheveux naturels ou légèrement poudrés s'ornaient des dormeuses de linon immortalisées par Chardin.

La cour, du reste, allait simplifier ses modes : les bergeries de Trianon autant que les premiers grondements de l'orage révolutionnaire transforment les habitudes. Les robes, très froncées à la taille, gardent une grande ampleur, mais n'ont plus de paniers ; le corsage ne se gaine plus en pointe et s'arrête à la taille : il est uni et orné d'un fichu de gaze ou de dentelle ; les robes sont en petit taffetas ou même en calicot blanc. Oberkampf vient de créer la toile de Jouy et l'on raffole aussi des étoffes à fleurs ou rayées; le succès

EPOQUE DIRECTOIRE

ÉPOQUE 1830

de celles-ci va durer à travers toute la Révolution, et le
fichu, qui devait son nom à l'infortunée princesse de Lamballe, va se républicaniser et devenir « fichu menteur » ou à
« la patriote ».

Le *Juste à la Suzanne* (corsage à basquine) de Mademoiselle Contat, dans le *Mariage de Figaro*, fait fureur:
puis les modes à l'Anglaise font leur apparition, et le costume féminin, à la jupe près, se rapproche de celui des
hommes : robe à redingote à double revers et parements,
boutons de métal, deux montres avec pendeloques aux deux
poches de gilet, chapeau de castor (les plumes et les rubans
noués derrière sont la concession féminine) et la canne à la
main. La poudre disparaît, mais les perruques restent plus
que jamais en faveur; par contre, les grands chapeaux s'ef-
facent un peu devant les bonnets : celui de Charlotte Corday
et celui de la Reine sont de même forme; les modes pénètrent
jusque dans les prisons et montent sur l'échafaud!... Les
modes à peine transformées des derniers jours de Versailles
dureront jusque sous la Terreur!...

La Convention voudrait demander à David un type de
costume patriote : de ces tâtonnements sortent deux ou
trois types opposés : les Muscadins, précurseurs des Incroya-
bles, et, pour les femmes, les robes toutes droites, blanches
ou à raies, serrées à la taille remontée par un lien de ruban
flottant. Notre-Dame de Thermidor peut paraître : la voie
est tracée pour qu'elle se montre en un maillot couleur de
chair recouvert d'une simple tunique de linon, avec des
anneaux d'or aux genoux et des diamants aux doigts de ses
pieds, chaussés de sandales retenues par des cothurnes.
Étonnons-nous, après cela, si son costume entier ne pèse pas

une demi-livre! Mais, à côté du costume antique et du costume *à la sauvage,* il y a le costume à l'anglaise, robe longue et spencer coupé à la taille, avec « bonnet d'enfant », et la Merveilleuse, qui unit la jupe à l'antique à l'habit d'Incroyable et au bonnet qui laisse voir les « oreilles de chien » en boucles blondes. Il y a aussi le costume *à la victime :* robe blanche prête pour le sacrifice, cheveux dégageant la nuque et ramenés en touffe sur le devant; un ruban rouge au cou, évocateur des massacres du Tribunal révolutionnaire. De ces types divers un seul va persister, le costume à la grecque, qui va se modifier un peu et deviendra la mode du Consulat : robes de linon plissées comme sur les statues antiques et châle-écharpe souvent drapé comme une toge, mince protection contre le froid en vérité; aussi la mortalité est-elle si grande que les élégantes vont consentir pour sortir à mettre le vitchourah, sorte de redingote étroite qui enveloppe toute la personne; mais, dans leur hôtel meublé *à l'étrusque,* Madame Récamier ou Madame Bonaparte ne porteront que la tunique légère avec laquelle David ou Prud'hon nous les représenteront : leurs propres cheveux rendus à leur couleur naturelle sont serrés de bandelettes à la grecque ; c'est l'art même, sinon la décence et la facilité pratique de la vie! Mais voici un gouvernement nouveau, de la tenue, du décorum : la tunique de linon va devenir une vraie robe, au corsage bien réduit il est vrai; de la taille haute au décolleté... si bas, il a à peine une main de hauteur, mais enfin un corsage avec un soupçon de manches, à petits ballons par malheur, et avec une jupe droite cachant

Deveria, del.   ÉPOQUE LOUIS-PHILIPPE

Deveria, del.   UN BAL A LA CHAUSSÉE-D'ANTIN

les formes si libéralement dévoilées auparavant ; la coiffure
est avec un diadème ; de grecque elle est devenue romaine,
et ce sera vraiment une couronne d'impératrice que Napoléon
posera sur la tête de Joséphine ; pas pour bien longtemps ;
à son couronnement, Marie-Louise aussi ceindra le diadème
des femmes des Césars, mais dans l'ordinaire de la vie elle
aura une couronne de roses assez lourdement posée en avant:
c'est à peu près tout le changement dans les modes. Le
monde entier a les yeux fixés sur la Grande Armée et on
ne crée pas de nouveautés sensationnelles : le *shall* est le
type de grande élégance dans la mode Empire, qui va
durer dix ans.

La Restauration voudra changer le costume comme le
régime : la taille s'allonge peu à peu ; les manches gardent
leur bouffant à l'épaule, mais se prolongent jusqu'au poignet, la jupe courte plate aux hanches se garnit au bas de
volants et de ruchés ; le soulier plat, très étroit, garde les
cothurnes de l'Empire ; les cheveux dégagés sur la nuque
forment de gros bouffants de coques et de boucles sur les
tempes. Encore un peu et le chignon va former sur le
sommet de la tête de très hautes coques soutenues par le
peigne *à la girafe*; les manches à gigot sont devenues
énormes; le col est souvent dégagé, décolleté même, et
la collerette-pèlerine que l'on met dans la rue ne protège
guère du froid... ni des regards des passants; cependant on
a le loisir de porter la robe montante avec une grosse ruche
de batiste pour encolure nouée d'un nœud de nuance claire;
le chapeau est immense à calotte haute pour contenir les
coques et le peigne « andalouse », avec les bords très grands
pour accompagner les épaules élargies par les gigots, et il

supporte une envolée de plumes, des enroulements de nœuds de rubans ; chez soi ou au bal, on met le turban ou le béret de gaze : c'est presque la résurrection du turban de Madame de Staël au commencement du siècle, mais Madame de Duras saura le rouler plus gracieusement.

Après 1830 nous allons avoir deux courants opposés : la très sage et très familiale cour de Louis-Philippe va porter les robes droites s'évasant un peu du bas avec des volants sagement posés tout droit en deux ou trois étages, le corsage drapé et voilé d'un fichu croisé dans la ceinture ; les cheveux formant des « oreilles de chien » en boucles tombant de chaque côté du visage ; le chignon !... le chignon on ne le voit guère ; la Reine, jeune encore cependant, a arboré le bonnet de dentelle qu'elle ne quittera plus et qui va ôter à cette époque tout aspect de jeunesse. — Mais il y a les audacieuses, les belles dames romantiques : c'est le temps d'*Hernani* et de la *Tour de Nesle ;* alors cette fougueuse jeunesse de se composer des ajustements d'un moyen âge délicieusement faux et tout à fait risibles ; la Renaissance ne sera pas mieux traitée que le gothique et Doña Sol en manches à gigot pourra marcher de pair avec la belle Ferronnière coiffée à la chinoise avec accroche-cœurs aux tempes et peigne à la girafe. Romantiques aussi les amazones à la jupe traînant presque dangereusement à terre, au chapeau en feutre soyeux enroulé du long voile de gaze. Mimi

Paulsen, pinx.   ÉPOQUE SECOND EMPIRE (1868)

FIN XIX° SIÈCLE (1876)

Pinson n'en aura point de semblable : bien gentiment pour s'en aller promener à Meudon, elle aura le petit chapeau cabriolet, la robe unie soulevée par le jupon empesé, et le petit châle serré aux épaules.

Ce chapeau cabriolet va emprisonner toutes les têtes, resserrer gauchement les belles anglaises qui tombent en boucles soyeuses autour du joli visage de Madame de Girardin, de la comtesse Lehon, de Madame Jaubert, de la duchesse d'Orléans. Il accompagne tant bien que mal les robes amples très bouffantes du bas, mais sans raideur cependant, avec des volants à disposition, des corsages montants à la vierge et des talmas en pointe. Le soir, les robes décolletées ont les mêmes formes de jupe, mais le corsage plat avec *berthe* à plis en travers prolongée d'un volant de dentelle.

Ce sont les modes que va trouver le second Empire : il va les exagérer terriblement : les corsages vont s'étriquer de plus en plus, presque sans ornements; en revanche, les manches vont s'élargir du bas, en *pagodes* avec manches intérieures en linon brodé (ceci charmant) et la jupe — ah! la jupe est ballonnée par la crinoline — la voici lancée, désormais, pendant d'interminables années elle va s'étendre, atteignant jusqu'à 5 mètres de tour; la femme est transformée en sonnette, et cependant la souveraine est la plus belle de l'Europe et sa taille est divine! Comme vêtements, il y a le cachemire de l'Inde posé en pointe bien étalée sur la crinoline, le talma orné de volants à dispositions comme la jupe, et, un peu plus tard, la pince-taille, jaquette ajustée à basque demi-longue, et le grand manteau (précurseur de la « visite » à manches évasées, le tout garni de ruches à la vieille. Quant au chapeau, ce sera la capote cabriolet ornée d'un saule avec ruche intérieure qui accompagnera les bandeaux dégageant ou couvrant l'oreille selon les âges. Contre tout cet ensemble si peu jeune, il y a une révolte, et tombant d'un extrême à l'autre, on essaye des robes courtes au-dessus de la demi-botte à glands, ballonnées cependant et avec une petite double jupe, retroussée en festons égaux comme un store de devanture, le *saute-en-barque* brodé à la hussarde, et un petit toquet grand comme une soucoupe calé sur un volumineux chignon tenu dans un filet, une canne à la main : l'ensemble a l'air prêt pour le bal de l'Opéra !

Tout rentrait dans des proportions plus supportables quand éclate la guerre : pendant 3 ou 4 ans, la toilette va être délaissée, on est vêtue, non habillée : tant de femmes sont en deuil ! Couleurs ternes, robes à tunique sans caractère, cependant apparition de la tournure qui va rivaliser de laideur avec la crinoline passée. Enfin, la vie mondaine reprend, on donne de beaux bals et pour rattraper le temps perdu en fait d'élégances, on fait des robes magnifiques de tissus, surchargées d'ornements et qui donnent l'impression de vous draper dans un décor d'ameublement : câblés, effilés épais, gros glands relèvent des doubles jupes de velours sur sous-jupe de satin , les coiffures sont volumineuses, chargées de nattes et de boucles, tombant en cascades postiches sur les épaules; la tournure sévit toujours...

Vers 1880, la silhouette s'amincit, la double jupe resserre étroitement la jupe en un retroussé fixé par un gros nœud en arrière, les corsages sont tout plats — cuirasses — et les chapeaux, capotes ou boléros, posent sur une coiffure aux cheveux très rejetés en arrière pour former le casque à la Diane, avec une frange sur le front. Un retour offensif de la tournure et des jupes cerclées d'acier nous amène à 1890, période charmante : plus de déformation de la silhouette ni manches à gigot, ni tournures, ni cloches, des jupes longues assez étroites, corsages ajustés, grands chapeaux, boas, un ensemble élégant ; jolie aussi sera la période suivante : il y aura de grosses manches il est vrai : mais ce seront celles de Marion Delorme et le grand col Louis XIII en guipure y ajoute son charme : les jupes sont longues : elles vont bientôt raccourcir et devenir cloches, mais pour peu de temps, car le Siècle finit sur une phase qui est — si l'on excepte la tunique grecque — aussi près que possible de la perfection : elle est dans nos souvenirs à toutes : robes étroites et demi-longues, manches ajustées, taille souple et élancée, modifiée par les nouveaux corsets droits; les étoffes deviennent

ÉPOQUE CONTEMPORAINE (1907)

F. Fournery, del.

Édition du Bon Marché

moelleuses, elles s'éclairent de pailletages ; les coiffures ont quelque chose de vaporeux. Une ondulation qui joue la nature donne à toutes les femmes de jolis cheveux ; les chapeaux s'inspirent des portraits de l'école anglaise en en modifiant un peu l'immensité : c'est vraiment bien.

Depuis, les manches ont repris les gigots renversés, c'est-à-dire le bouffant près du poignet, mais léger cette fois ; les jupes conservent une coupe harmonieuse ; on a presque envie de murmurer quand il faut abandonner cela pour la robe néo-grecque : mi-Empire, mi-Tanagra, mais elle est exquise, et ce sont seulement ses mauvaises interprétations qui la défigurent.

Enfin, nous arrivons à 1910 : selon la loi des recommencements qui chaque 10 ans à peu près nous donne les meilleures inspirations de la mode, nous attendions des merveilles : hélas ! nous avons la jupe d'un mètre dix, le chapeau cabriolet, les bottines américaines, la veste droite au ras des hanches, et la démarche des poupées mécaniques en nos jupes trop serrées — il y a maldonne — espérons en l'année prochaine et consolons-nous en attendant puisque avec les plus affreux petits « tailleur » et le plus invraisemblable tuyau de poêle en paille sur la tête, les femmes trouveront quand même moyen d'être belles.

AU BON MARCHÉ.

Vigée-Le Brun, pinx.

MARIE-ANTOINETTE, *reine de France*

Robe de grand apparat en gaze de soie et satin d'un blanc nuancé de gris, toute passementée d'or. — Paniers de cour et corsage gaine avec chute de nœuds à la pointe. — Coiffure « à la reine » avec pouf de gala.

Édition du Bon Marché.

Robe Louis XVI en gaze à baldaquin agrémentée de velours. Pardessus de taffetas également orné de velours; « corps » drapé en taffetas avec fichu croisé en linon, noué à la taille et prolongé en écharpe.

Coiffure au « hérisson » avec bonnet de gaze.

Vigée-Le Brun, pinx.

LA PRINCESSE DE LAMBALLE

Robe à demi-paniers en taffetas glacé gorge de pigeon : corsage drapé avec fichu « Lamballe » noué de ruban bleu et engageantes aux manches.

Coiffure en « bandeau d'amour » couronnée de roses.

Édition du Bon Marché.

Lawrince, pinx.

Robe de promenade en satin avec la jupe ample et
froncée sans grands paniers. — Corsage à basque cré-
nelée et fichu croisé. — Grand chapeau à l'anglaise sur
la coiffure à marteaux.

Déshabillé de linon avec bonnette nouée de rubans
rayés.

Vigée-Le Brun, pinx.

LE DAUPHIN ET MADAME ROYALE

Madame en robe de taffetas rayé avec fichu à la bergère piqué d'une rose ; chapeau de paille à la Watteau, rubans bleu ciel.

Le Dauphin en habit de satin changeant ; collerette et manchettes de linon ; chapeau enroulé de velours bleu.

Édition du Bon Marché.

Robe en taffetas rayé ornée de ruches déchiquetées.
Casaquin à basquine dit « à la Suzanne »; fichu
« menteur » noué en arrière. Chapeau de gaze avec
écharpe et aigrettes de plumes de coq.

Édition du Bon Marché.

Boilly, pinx.

*Robe de satin à jupe « tombante », corsage court
en taffetas « cheveux de la reine » à fichu du matin ;
coiffure en rubans de gaze et satin.*

Édition du Bon Marché.

MERVEILLEUSE

Robe flottante à taille haute et corsage bas ; étoffe souple dessinant la silhouette ; coiffure à long voile ; réticule en madras, longs gants de chevreau.

Édition du Bon Marché.

Prud'hon, pinx.

JOSÉPHINE

Robe à l'antique en linon serrée à la taille; châle couleur de pourpre; coiffure à bandelettes.

Édition du Bon Marché.

MERVEILLEUSE

Robe droite et flottante à taille haute et brassière-écharpe en ruban effiloché; collerette ruchée; chapeau cabriolet empanaché de plumes.

Édition du Bon Marché.

MERVEILLEUSE

Robe pour le patinage; vitchoura de satin orné de fourrure et gros manchon assorti; toque de fourrure avec panache de plumes flottantes.

Édition du Bon Marché.

Boilly, pinx.

Robes vagues et presque transparentes sur des dessous de linon; écharpes de « cachemyr », coiffures à la grecque.

Édition du Bon Marché.

Gérard, pinx.

L'IMPÉRATRICE MARIE-LOUISE ET LE ROI DE ROME

Robe de gala en satin blanc avec volant de blonde; manteau de cour en satin orné d'une guirlande de lauriers brodés en or. Taille courte à décolleté croisé; coiffure serrée à la tête avec couronnes de roses.

Robe du soir courte en satin, évasée du bas et recouverte de gaze à volants. Décolleté en épaules avec petites manches ballons et ceinture à boucle haute ; souliers de prunelle à cothurne ; coiffure en boucles avec volumineuses fleurs.

Édition du Bon Marché.

Vigée-Le Brun, pinx.

LA DUCHESSE DE BERRY

Robe à longue jupe unie en velours; corsage à taille, décolleté en carré; manches à petits bouffants; coiffure à bandelettes avec longue écharpe en gaze.

Édition du Bon Marché.

Jupe en entonnoir garnie de ruchés doubles disposés en tablier; corsage décolleté rond avec berthe ruchée; coiffure en bandeaux bouclés, avec ornements de perles de cristal et longs rubans en chute.

Édition du Bon Marché.

Robe à jupe courte et évasée du bas : corsage plat avec manches à gigot ; fichu-pèlerine orné de volants tuyautés ; grand chapeau capote.

Édition du Bon Marché.

Gavarni, del.

Robes cloches, corsages à la vierge et manches à gigot ; cols-pèlerines ornés de broderie ; chapeaux cabriolets ornés de pouf de fleurs ou de plumes.

Édition du Bon Marché.

Gosse, pinx.

LA REINE AMÉLIE

Robe en entonnoir garnie d'un volant de dentelle à la jupe et à la berthe du corsage ; chapeau à plumes rosé sur la coiffure à marteaux serrés d'une barbe de dentelle. Écharpe en cachemire des Indes.

Édition du Bon Marché.

Gavarni, del.

Jupe ballonnée en taffetas à fleurs; corsage plat et manches à gigot; chapeau calèche à voile de chantilly; écharpe en cachemire des Indes uni, avec palmettes au bout des pans.

Édition du Bon Marché.

Deveria, del.

Robe ample à taille froncée; corsage orné d'une berthe; manches à gigots. Coiffures à hautes coques et peigne à la girafe.

Winterhalter, pinx.

LA DUCHESSE D'ORLÉANS

Robe de velours montée à fronces et très évasée du bas ; corsage à pointes avec berthe drapée ; châle d'application d'Angleterre. Coiffure avec boucles à l'anglaise ; « barbe » de dentelle.

Édition du Bon Marché.

Winterhalter, pinx.

LA PRINCESSE DÈ JOINVILLE

Robe à deux jupes en satin blanc recouvert de chantilly, la jupe ballonnée par la crinoline; corsage décolleté en épaules à berthe plate ornée de dentelle. Coiffure à bandeaux couvrant les oreilles.

Édition du Bon Marché.

Gavarni, del.

Jupe ballonnée par la « cage » et ornée de trois grands volants froncés ; « Talma » de même étoffe que la robe garni de volants de chantilly ; gros manchon ; chapeau capote avec grand voile de chantilly.

Édition du Bon Marché.

Gavarni, del.

Robe-pardessus en satin broché de velours largement étalée par la cage; au bas de la jupe, haute bande de chinchilla; au corsage plat, manches pagodes à revers de chinchilla. Capote de velours épinglé à plume « saule » tombant de côté.

Winterhalter, pinx.

L'IMPÉRATRICE EUGÉNIE
Robe de cour en satin blanc recouverte de deux hauts volants de point à l'aiguille ; corsage à pointe à berthe de dentelle ; traîne de cour en velours bordée d'une broderie d'or et de perles. Diadème de brillants et perles et voile de point à l'aiguille tombant en arrière.

Édition du Bon Marché.

Robe cloche ornée de volants à dispositions ; grand manteau burnous ; petite toque à aigrette avec grand voile écharpe.

Modèle du Bon Marché.

Robe de grande réception; ornementation compliquée; jupe de satin garnie de draperies frangées et de cordelières; traine de velours avec petits volants de dentelle; corsage à draperie décolletée en rond; petites manches courtes et plates. Coiffure faisant diadème en avant et chute sur les épaules.

Modèle du Bon Marché.

Robe à double jupe retroussée, soutenue par la volumineuse tournure; corsage-veste ornée de passementerie à boules comme le bas de la première jupe; manches différentes du corsage. Coiffure plus simple que dans les années précédentes, reprenant la forme de la tête.

Modèle du Bon Marché.

Lynch, pinx.

*Robe droite courte et avec ampleur modérée; cor-
sage légèrement drapé; manches plates; la mode tend
à garder la véritable ligne du corps. Coiffure très serrée
aux tempes et sur la nuque; chapeau rond à petits bords.*

Édition du Bon Marché.

Costume d'été en lainage blanc rayé de ciel. Jupe courte et petite veste à manche « kimono ». Grand chapeau enveloppé d'un nuage de gaze blanche.

Modèle du Bon Marché.

Fournery, del.

Robes d'une seule pièce enveloppantes et floues, le buste droit, la taille à sa place normale, retour à la taille ajustée, robes droites et étroites accusant la ligne du corps, chapeaux immenses et plats, ou étroits et très hauts.

Modèle du Bon Marché.

Manteau pour le soir en soie charmeuse orné d'un très beau galon tulle d'or brodé et enrichi de motifs à la main. — Entièrement doublé de voile soie changeant.

Chapeau de paille fantaisie, garni lilas, roses et feuillage, galon or vieux et taffetas.

Modèle du Bon Marché.

Elégant Manteau en cachemire de soie garni joli galon métal brodé très en relief, cabochons nacrés, motifs passementerie.

Chapeau paille tagal, garni têtes plume autruche et lien velours.

Modèle du Bon Marché.

Riche Manteau de laize soie noire, dessin Chantilly sur transparent satin gris, orné entredeux et large galon tulle perlé clair de lune, encolure et ceinture soie imprimée sur chaine. — Chapeau crin, lame picot, garni tête et amazone plume.

Manteau du soir moire souple orné d'un large galon
tulle métal vieil or brodé à la main, doublé taffetas
changeant.

Toque paille fantaisie, bandeau velours deux tons
et pouf plume pleureuse.

Modèle du Bon Marché.

Chapeau crin lame velours, garni plumes autruche
dites « Pleureuses ».

Modèle du Bon Marché.

Chapeau paille tagal, garni bleuets, roses et ruban velours.

Modèle du Bon Marché.

Chemisette voile de soie, impression cachemire, collerette et parements dentelle plissée.

Robe du soir en satin noir, ornée broderie japonaise, chrysanthèmes vieux bleu, voilée écharpes Chantilly retenues par motifs jais.

Modèle du Bon Marché.

Robe de dîner en mousseline soie drapée sur moire changeante, cuirasse tulle brodée filigrane acier et cabochons.

Modèle du Bon Marché.

Robe mousseline soie impression cachemire voilée de marquisette unie, broderie et soutache cachemire.

Robe satin glacé, manches ornées brassards galon,
revoilées mousseline de soie noire. Bas de jupe terminé
par bande mousseline brodée, collerette et bas de manches
en lingerie plissée.

Modèle du Bon Marché.

Robe de ville en voile de soie écossais, ornée broderie fantaisie.

Tunique terminée par biais et volant satin uni.

Modèle du Bon Marché.

Costume Tailleur, draperie anglaise, garni tresse,
Jupe plissée avec empiècement.

Costume Tailleur, draperie nouvelle, nuances mode.
Col orné soutache, revers et poignets satin, dépassants
drap.

Modèle du Bon Marché.

LES MAGASINS DU BON MARCHÉ. — ENTRÉE RUE DE SÈVRES

LES MAGASINS DU BON MARCHÉ EN 1863

HISTORIQUE

DES

MAGASINS DU BON MARCHÉ

EMPLACEMENT DES
MAGASINS DU BON MARCHÉ
EN 1512

Sur l'emplacement où se dressent aujourd'hui les Magasins du BON MARCHÉ, dont la renommée s'est étendue dans le monde entier, les plans de Paris nous montrent, au XVIᵉ siècle, un de ces pittoresques moulins à quatre bras de bois, montés sur de vulgaires maçonneries, comme on en voit encore dans quelques provinces de France.

Peu à peu des masures se construisirent dans le champ près du moulin; puis un village qui, au XIXᵉ siècle, formait un quartier de Paris assez peu fréquenté composé de ruelles obscures et tristes. Sous Louis-Philippe, à une extrémité de la rue du Bac, près des Petits-Ménages, se fonda une boutique de nouveautés et de mercerie, dont Aristide Boucicaut devint le propriétaire-associé en 1852.

Quand il fut à peu près certain de devenir possesseur de l'emplacement indispensable à l'établissement qu'il rêvait, Boucicaut songea à en faire un modèle d'agencements et d'aménagements.

L'architecte, M. Boileau, un des maîtres parisiens, dut, de son côté, se livrer à un travail opiniâtre, dresser des plans qui se trouvèrent sans cesse modifiés par les découvertes de la science moderne.

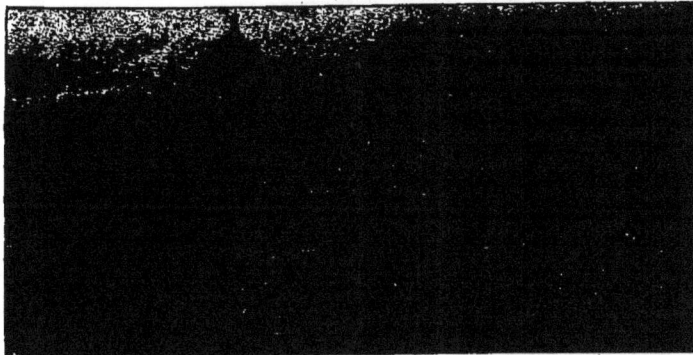

LES MAGASINS DU BON MARCHÉ EN 1873

La première pierre des bâtiments actuels du Bon Marché fut posée le 9 septembre 1869 par Madame Boucicaut. Sous cette pierre, dans une boîte de plomb, est renfermée une déclaration sur parchemin signée de Boucicaut, de son fils et de ses collaborateurs principaux.

On y lit : « *Je desire donner à cette construction, toute spéciale, une organisation philanthropique qui me permette, en me rendant utile à mes semblables, de témoigner à la Providence toute ma reconnaissance pour le succès dont elle n'a cessé de couronner mes efforts...* » Cette déclaration simple et grande peint l'homme tout entier.

L'installation, telle qu'elle existe aujourd'hui dans des galeries spacieuses et bien éclairées, où la circulation est facile, où les dégagements sont commodes et nombreux, cette installation pratique ne fût définitivement terminée qu'en 1887.

Un ingénieur des Arts et Manufactures, M. Flavien, nous a donné l'exacte description architecturale. La superficie occupée par le bâtiment principal est de

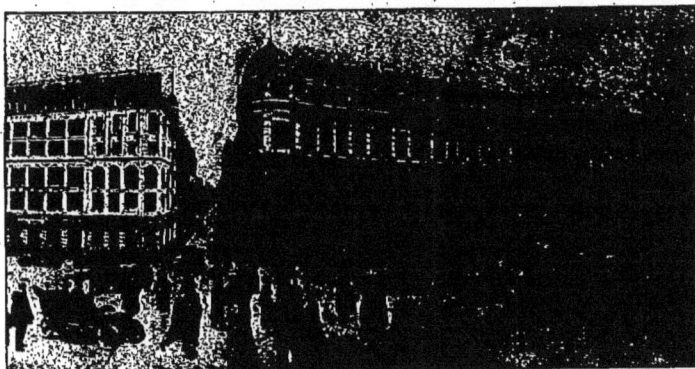

LES MAGASINS DU BON MARCHÉ EN 1910

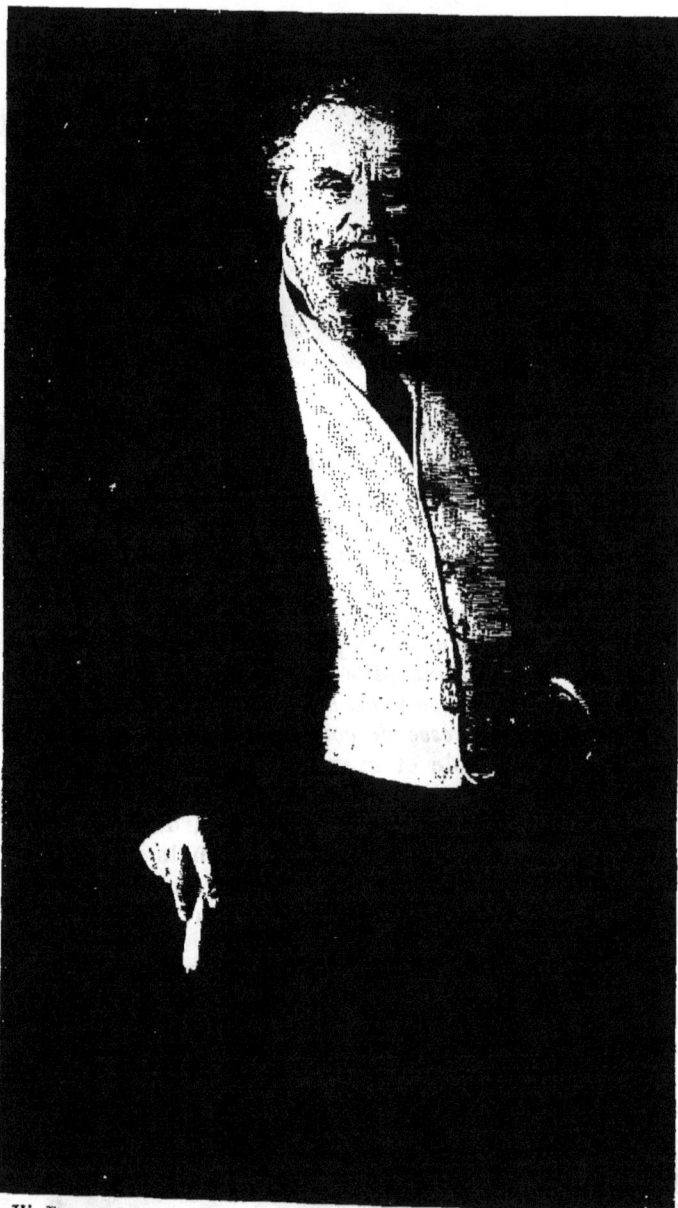

W. *Bouguereau, pinx.*

M. BOUCICAUT

ARISTIDE BOUCICAUT, né en 1810, à *Belléme (Orne)*. Les nouvelles idées qu'il apporta et les transformations successives qu'il fit subir au petit magasin de la rue du Bac, furent le point de départ de la prospérité du BON MARCHÉ d'aujourd'hui.

Il mourut en 1877, laissant le souvenir d'une probité exemplaire, que ses successeurs eurent à cœur de continuer, et qui devint le principe fondamental de la Maison du BON MARCHÉ.

W. Bouguereau, pinx.

MADAME BOUCICAUT

Marguerite BOUCICAUT, née en 1816, à *Verjux (S.-et-L.)*, fut la collabora-
trice éclairée et dévouée de son mari ; elle n'eut d'autre pensée que d'ajouter de
belles et bonnes actions à l'œuvre philanthropique commencée par lui. En 1886,
elle créa la Caisse de Retraite des Employés, qu'elle dota d'une somme de cinq
millions, prise sur sa fortune personnelle. Elle mourut en 1887, ayant disposé, par
un testament admirable, de toute sa fortune en faveur de ses employés ou d'œuvre
de bienfaisance.

ESCALIER RUE DE SÈVRES

9,696 mètres carrés; il a ses façades importantes sur la rue de Sèvres et la rue du Bac.

L'ossature générale de cette immense construction se compose de quatre corps de bâtiments *de ceinture* donnant sur les quatre rues qui en limitent l'emplacement et de dix corps de bâtiments *transversaux* qui servent à réunir entre eux les bâtiments de ceinture et qui se relient également les uns aux autres en divisant l'espace en une série de halls ou d'emplacements vitrés, qui constituent, dans leur admirable ensemble, le vaste Magasin où l'on fait face, avec un ordre merveilleux et une rapidité sans exemple, à l'immense mouvement d'affaires que chaque jour amène.

Aux quatre extrémités ont été aménagées quatre portions circulaires surmontées par des dômes d'un bel effet architectonique.

Les Magasins s'étendent sur deux sous-sols : le premier est occupé tout entier par la réception des marchandises et *par des réserves*, le second par les caves, les calorifères et les machines à vapeur qui servent à produire la lumière électrique. Les comptoirs de vente, les manutentions et les deux sous-sols représentent la surface énorme de 59,993 mètres carrés.

Les fondations offrent un intérêt particulier. Le sol de la rue du Bac (33 mètres au-dessus du niveau de la mer) n'est pas très élevé par rapport à la Seine.

Le dallage du deuxième sous-sol du BON MARCHÉ est presque à fleur d'eau. Il a donc fallu établir les calorifères et les générateurs de vapeur dans des cuves étanches en fer, ce qui les met tout à fait à l'abri des

ESCALIER RUE DU BAC

inondations, même dans les années de grande crue, comme celle que nous venons de subir en janvier dernier.

L'eau nécessaire au service de la maison et à l'alimentation des machines est fournie en partie par deux puits forés à 100 mètres de profondeur. Des pompes à vapeur montent l'eau sur les toits, dans des réservoirs contenant ensemble 150,000 litres.

Au milieu de la façade de la rue de Sèvres on a construit la porte monumentale en pierre. Rue du Bac, la porte du milieu de la façade est en bois et en cuivre avec marquise vitrée. Rue de Babylone est une autre grande porte en bois et en mosaïque, surmontée, elle aussi, d'une marquise vitrée faisant face à celle de l'Annexe située de l'autre côté de la rue.

Ce nouveau Magasin, qui s'ouvre aussi rue du Bac par de larges portes, s'élève sur l'emplacement de l'hôtel de M. Boucicaut. Il a été construit et inauguré en 1899 et relié aux grands magasins par une galerie souterraine. Il a permis d'apporter de considérables agrandissements à cette maison déjà la plus importante du monde, de donner aux autres rayons la place qui leur manquait pour recevoir leurs acheteurs.

Une deuxième annexe est située au n° 106 de la rue du Bac. Ce grand immeuble comprend le service des échantillons, le service de la publicité et des réserves de marchandises.

Enfin, rue Duroc, n° 16, dans le quartier de l'École Militaire, ont été installées les *Écuries du Bon Marché*, auxquelles donne accès une cour vitrée spacieuse.

Les écuries, au nombre de 10, sont aménagées selon les règles de l'hygiène moderne.

Les remises abritent les coquettes voitures bien connues des Parisiens, lesquelles chaque jour vont porter à domicile les innombrables achats.

On peut visiter ces écuries de dix heures à quatre heures tous les jours, excepté les dimanches et fêtes.

A l'entrée de la rue Masseran, dans le même bâtiment construit en quadrilatère, sont installés les immenses ateliers de tapisserie, d'ameublement, de literie et de tapis qui occupent de nombreux ouvriers.

Tels qu'ils sont édifiés actuellement, les Magasins du BON MARCHÉ font grand honneur au savoir et au goût de l'architecte et excitent l'admiration générale.

SALON DE LECTURE

Le grand escalier double qui se trouve face à l'entrée Sèvres conduit au salon de lecture, situé au premier étage.

Ce salon offre un très agréable repos. On y lit les journaux, on y fait sa correspondance ; au milieu, une exposition permanente où les peintres et les sculpteurs sont très gracieusement mis à même de montrer leurs statues et leurs tableaux, souvent acquis par la clientèle de cette maison, où le négoce a revêtu l'artistique parure moderne.

SALON DE LECTURE

C'est là que se réunissent chaque jour, à trois heures et demie, sauf les jours d'Exposition, les visiteurs qu'un inspecteur-interprète accompagne dans les différents services.

GALERIE DES AMEUBLEMENTS ET DES TAPIS

Au rez-de-chaussée des Magasins du Bon Marché, près de l'escalier de la rue du Bac, se trouve l'entrée du passage souterrain. Par une pente douce, ce passage, bien éclairé et fort élégamment décoré, conduit les acheteurs dans l'Annexe.

L'Annexe est spécialement réservée à l'ameublement : à côté des meubles de luxe et de style, les mobiliers pratiques et confortables y figurent en grand nombre, les uns et les autres fabriqués avec le plus grand soin dans les ateliers de la rue Masseran. C'est un magasin luxueusement et commodément installé ; la vaste galerie, à hauteur d'entresol, qui longe la rue de Babylone, est un salon resplendissant de toutes les merveilles de l'art ancien et des originalités du « modern » ; toutes les splendeurs d'autrefois et de demain font de ce salon un véritable musée, près duquel se trouvent les vieilles tapisseries, les soieries et broderies anciennes si recherchées des amateurs.

En descendant quelques marches, on est transporté au milieu de pièces toutes meublées : salon, salle à manger, chambre à coucher, cabinet de toilette, boudoir, etc., etc. Cette Exposition permanente et souvent

GALERIE DES AMEUBLEMENTS

GALERIE DES TAPIS

transformée permet aux acheteurs de fixer déjà leur choix ; de véritables artistes dessinent des maquettes spéciales pour les décorations projetées ; un devis y est joint, et l'acquéreur se trouve de la sorte à l'abri de toute surprise.

Outre l'ébénisterie, avec ses pièces de luxe et de fantaisie, ses mobiliers modestes mais toujours de bon goût, on trouve dans ce palais du meuble les tissus pour tentures, les portières, les rideaux, la passementerie et accessoires, les objets de literie, les tapis français et les tapis d'Orient, anciens et modernes, la sellerie, les meubles de jardin et les articles de ménage.

CUISINES

Tous les employés sont nourris gratuitement, le matin, dans la maison, et l'on reste stupéfait lorsqu'on pénètre dans les cuisines où rôtissent en même temps 800 biftecks, où des appareils énormes reçoivent, en une seule fournée, 800 kilogrammes de pommes de terre, qui, en quelques instants, sont transformées en tranches frites et dorées.

Des marmites à vapeur, construites spécialement pour cet usage, permettent d'obtenir l'ébullition rapide de 800 litres de liquide ; 300 litres de café, et d'un café délicieux, sont fabriqués à la fois.

Rabelais n'avait pas rêvé pour Gargantua de semblables agapes.

La salle à manger principale, aérée par 80 fenêtres

RÉFECTOIRES ET CUISINES

et d'une longueur de 120 mètres, est affectée aux employés et contient 1,000 places ; celle des garçons de magasin en contient 200. Une salle à manger spéciale est réservée aux dames et jeunes filles.

Au total, environ 5,500 déjeuners sont servis chaque matin à des heures différentes. Il faut, si l'on veut une comparaison, se reporter aux descriptions d'Homère, qui, dans l'*Iliade*, a conté comment les guerriers rôtissaient des bœufs entiers.

L'ŒUVRE
PHILANTHROPIQUE

Il y a quelque chose de plus beau encore que la puissance de l'esprit et la rectitude de la volonté, c'est la générosité du cœur. Un homme n'est vraiment grand que dans le geste de s'incliner vers ses semblables et de leur tendre la main. C'est dans cette attitude qu'il faut surprendre Aristide Boucicaut pour lui décerner l'admiration qui lui est due. Avant même que le fondateur des Grands Magasins du Bon Marché eût solidement édifié sa fortune personnelle, il songeait à la rendre profitable à tous. Si l'instinct de parvenir avait guidé jusqu'au bout son inlassable effort, l'esprit de justice l'éclairait. Il pensa que la prospérité d'une entreprise n'était durable que fondée sur l'unanimité des initiatives individuelles, n'était légitime que dans la mesure où elle appelait tous ses collaborateurs à participer aux avantages du succès. Il résolut non seulement de donner à son œuvre une application philanthropique mais encore d'en faire un instrument d'éducation sociale, d'y réaliser exemplairement les principes de solidarité qui sont l'honneur de notre temps. « Les grandes Associations commerciales industrielles, — a écrit Jules Simon, parlant du Bon Marché, — ont tous

les avantages du socialisme sans en avoir les inconvé-
nients. »

La première manifestation d'Aristide Boucicaut dans
cette voie généreuse fut, en 1876, la création d'une
Caisse de Prévoyance. L'intention morale qui l'anime
peut être résumée en une seule phrase : chacun, en
acquérant des droits dans la communauté, comprendra
mieux ses devoirs envers elle. A cette institution pure-
ment démocratique, une sage autorité qui vient de
l'expérience allait donner ses statuts. On y relève à
chaque ligne, le désir d'améliorer le sort d'une classe,
de moraliser sa conception de la vie, d'orienter l'effort
quotidien vers une pensée d'avenir et des aspirations
altruistes.

La *Caisse de Prévoyance Boucicaut*, régie par la
Gérance avec le concours des Intéressés de la Maison,
est alimentée par les sommes prélevées le 31 juillet de
chaque année, sur les bénéfices réalisés. Cette somme
est répartie, au prorata de leurs appointements, entre
tous les employés ayant cinq années de présence non
interrompue. L'œuvre a pour but d'assurer à chaque
employé un capital dont il puisse disposer au moment
où il quittera la Maison, ou qui, en cas de décès, profi-
tera aux siens. En 1876, le nombre des participants
était de 128 et le capital de 62,020 francs. Au 1ᵉʳ août
1909, les participants étaient de *3,441*, et le capital
atteignait 5,142,999 francs. Voilà des chiffres dont l'élo-
quence est assez forte. Surtout si, comme il convient,
on y ajoute les sommes distribuées depuis la fondation
à 2,145 employés au moment de leur départ de la
Maison ou à des demoiselles ayant contracté mariage,
et qui s'élèvent à 3,790,740 francs.

La mort d'Aristide Boucicaut ne devait pas inter-
rompre son œuvre. Madame Boucicaut, héritière d'une
haute pensée, eut à cœur d'en assurer l'épanouissement.
Le 4 août 1886, elle fondait une *Caisse de Retraite* en
faveur de ses employés et par deux dons successifs, la
dotait de cinq millions de francs.

Désormais les Employés du Bon Marché purent
bannir toute inquiétude au sujet de leur avenir et, la
tranquillité de leurs vieux jours étant garantie, ils
purent consacrer toute leur activité à la prospérité de
la maison qui leur accordait une pension de retraite
après vingt ans de services. Pour donner à cette œuvre
magnifique un développement correspondant au nombre
toujours croissant des Employés, et en assurer le fonc-
tionnement, fidèles en cela aux traditions des généreux
fondateurs du Bon Marché, les actionnaires de la

Société, sur l'initiative de MM. les Gérants, décidèrent d'ajouter au patrimoine légué par Madame Boucicaut, des sommes très importantes qui, prélevées chaque année sur les bénéfices de la maison de commerce, constituent un fonds spécial dont les revenus servent à compléter le service des pensions. En outre, M. Fillot, M. Ricois et, à leur exemple, d'autres actionnaires, émus de la situation particulièrement intéressante des veuves et des orphelins mineurs d'employés décédés, créèrent, dans un bel élan de charité, une dotation spécialement destinée à secourir immédiatement ceux que la disparition du chef de famille a laissés dans la détresse. Et ainsi, dans cette immense famille commerciale, tous se trouvent préservés contre les incertitudes du lendemain par cet ensemble admirable d'institutions dotées avec une incomparable munificence. Au 1er Août 1909, le capital de la Caisse était de 9.320.017 francs, le fonds spécial s'élevait à 14.875.473 francs, et les sommes affectées aux veuves et aux orphelins mineurs dépassaient 205.000 francs.

Depuis sa fondation la Caisse a fourni 814 pensions. Actuellement 653 employés du Bon Marché sont retraités ; leurs pensions forment un total de 439.365 francs. 45 orphelins mineurs reçoivent des secours mensuels dont le total forme une dépense annuelle de 7.499 francs.

Une troisième Caisse fondée, celle-là, par les gérants et actionnaires du Bon Marché, sur le modèle de la précédente, étendit la prévoyance à tous les membres de cette vaste association en accordant aux ouvriers et ouvrières, à tous les travailleurs à la tâche, des secours temporaires, des secours renouvelables et des pensions de retraite. 910.244 francs constituaient au 1er Août 1909 le capital de cette Caisse, accru de 88.370 francs spécialement attribués aux veuves et aux orphelins.

L'ensemble de ces fondations philanthropiques a reçu à maintes reprises des témoignages éclatants de la reconnaissance publique. En 1889, l'Académie des Sciences morales et politiques décernait au Bon Marché une des médailles d'or du prix Audéoud, destiné à encourager les études, les travaux et les services relatifs à l'amélioration des classes ouvrières et au soulagement des pauvres. A l'Exposition Universelle de 1878, ce fut un Diplôme d'Honneur ; à celle de 1889, deux Grands Prix, une Médaille d'or et une Médaille d'argent ; un Hors Concours à l'Exposition de Chicago en 1893 ; un Rappel de Grand Prix à l'Exposition Universelle de Lyon, en 1894 ; un Diplôme d'Honneur à

l'Exposition d'Amsterdam, en 1895 ; un Grand Prix et
un Diplôme d'Honneur à l'Exposition Universelle de
Bruxelles, en 1897 ; deux Grands Prix à l'Exposition
Universelle de Paris, 1900 ; un Grand Prix à l'Exposition Universelle de Saint-Louis, 1904 ; un Grand Prix
à l'Exposition Universelle de Liège, 1905 ; un Hors
Concours, membre du Jury à l'Exposition Universelle de
Milan, 1906 ; enfin un Grand Prix à l'Exposition franco-
britannique, à Londres, 1908.

Cet aperçu ne serait pas complet si nous n'y men-
tionnions le testament de Madame Boucicaut, dont les
sages et généreuses dispositions provoquèrent l'étonne-
ment et l'admiration du monde entier. Tous les employés
des Grands Magasins du Bon Marché s'y trouvèrent
inscrits pour des sommes variant entre 1.000 et
10.000 francs. L'Assistance Publique eut à charge de
répartir entre diverses institutions de bienfaisance un
ensemble de legs atteignant plusieurs millions. Le sur-
plus de la fortune devait servir à l'édification et à l'installation d'un hôpital qui fut inauguré en 1897 sous le
nom d'*Hôpital Boucicaut*.

Et ainsi, la même sollicitude qui s'était employée à
rendre meilleure et plus digne l'existence des hommes,
à accroître leur lot de bonheur, les assiste maternelle-
ment dans la souffrance. C'est un beau spectacle que
celui de la puissance se transformant en bonté, d'une
grande force qui, sans se diminuer, se consacre à
servir.

Notes

Notes

Notes

IMP. MANZI, JOYANT & Cⁱᵉ — PARIS

AU
BON MARCHÉ
PARIS

Imp. Lanzi, Joyant & Cie, Paris

www.ingramcontent.com/pod-product-compliance
Lightning Source LLC
Chambersburg PA
CBHW070906280326
41934CB00008B/1602